Dieses bezaubernde Buch ist Teil einer mehrbändigen Reihe, die Erwachsenen helfen soll, die Welt zu verstehen.

Die große, gut lesbare Schrift, sorgfältige Wortwahl, häufige Wiederholungen und die durchdachte Kombination von Text und Bild sollen Lesern den Eindruck vermitteln, sie hätten schon viel gelernt. Auch das ausgewählte Thema ist altersgerecht.

J.A. Hazeley
J.P. Morris

DER EHEMANN

Ein Handbuch

Aus dem Englischen
von Edith Beleites

Das ist ein Ehemann.

Auf den ersten Blick wirkt er etwas kompliziert, aber das täuscht.

Er braucht nur Würstchen und Bier.

Der Ehemann weiß viele Dinge.

Z. B. wie viele Stufen die Treppe hat. Das ist praktisch, falls er beim Heimkommen alles doppelt sieht.

Der Ehemann liebt kleine Reparaturen wie die Erneuerung des Dichtungsrings am Wasserhahn.

Hinterher spricht er ewig über seinen Geniestreich und will gelobt werden. Als hätte er etwas erfunden, das Fürze zu Gold macht.

Der Ehemann hat ein phänomenales Gedächtnis, etwa für Fußballergebnisse und die Nummernschilder seiner alten Autos. Sogar Dialoge aus James-Bond-Filmen kann er teilweise mitsprechen.

Aber er erinnert sich nicht daran, was er für seine Frau einkaufen sollte. Weil sein Kopf so voll ist – nicht, weil er nicht zugehört hat.

Zu besonderen Anlässen machen sich der Ehemann und die Ehefrau schick.

Emma hat einen vollen Kleiderschrank, Günther einen Anzug. Er nennt ihn *Meinen Anzug* und trägt ihn seit Jahren.

Günther mag *Seinen Anzug*, obwohl er ihm schon lange nicht mehr passt, im Schritt einen Riss hat und auch sonst peinlich wirkt.

Der Ehemann kann sehr empfindlich sein, vor allem, wenn er unrecht hat.

Dann redet er gern davon, dass er mal recht gehabt hat – auch wenn das schon viele, viele Jahre her ist.

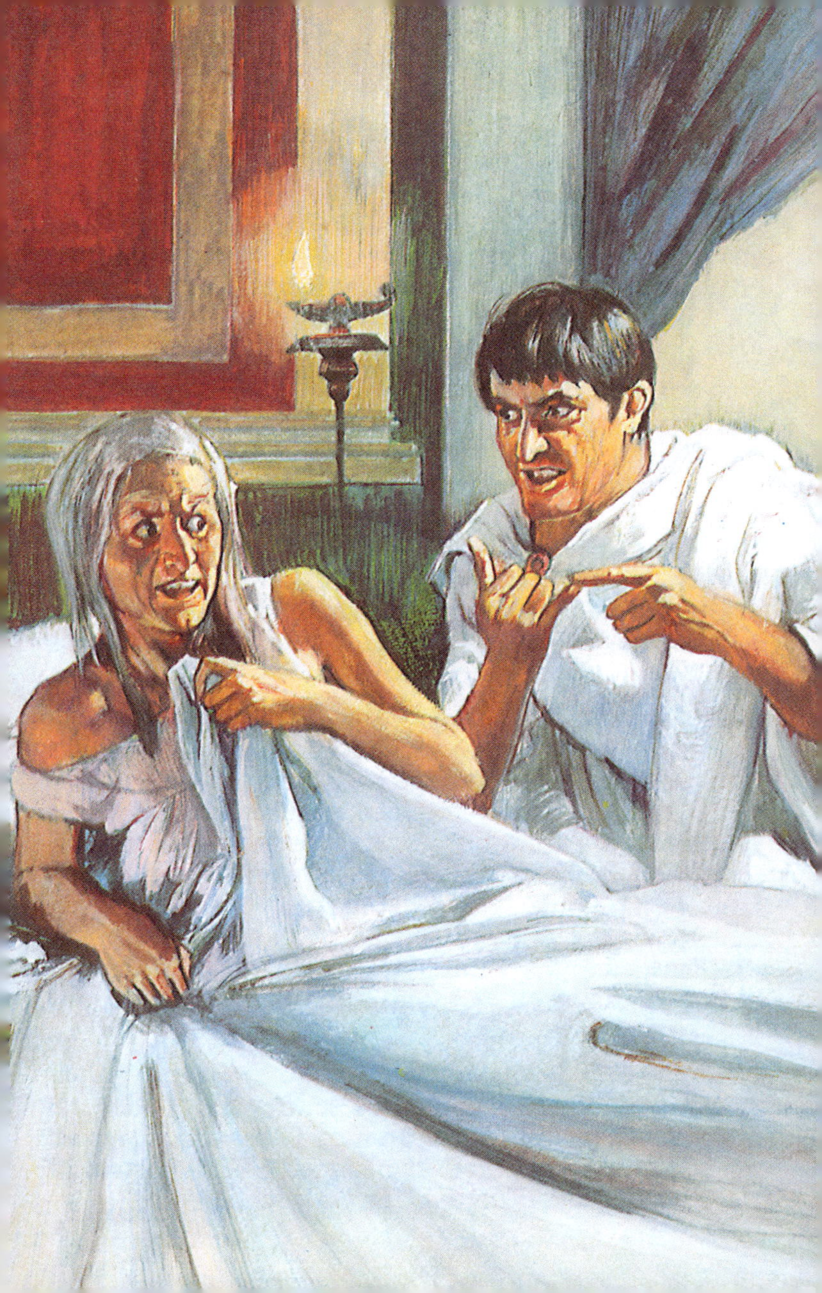

Der Ehemann betont bei jeder Gelegenheit, dass er vor der Hochzeit nicht wirklich gelebt hat, vor allem, wenn er schon einmal verheiratet war.

Jürgen muss die ganze Woche hart arbeiten. Nur am Wochenende hat er für die Familie Zeit.

Die verbringt er dann im Stadion.

Die Ehefrau liest gern Liebesromane, weil sie ihre Fantasie beflügeln.

Der Ehemann hat keine Zeit für solchen Unsinn. Er bevorzugt Bücher über echte Dinge und echte Kerle.

Schließlich will er vorbereitet sein, falls er mal auf dem Mond landen, einen Kampfjet fliegen oder die Nationalelf trainieren muss.

So sieht es in Tims Kopf aus.

Manchmal kommen darin auch Damen vor, die noch keine Gelegenheit hatten, sich anzuziehen.

Keine dieser Damen ist Tims Ehefrau.

V8

Der Ehemann hat an jedem Ort das richtige Werkzeug zur Hand.

Muss er in der Küche eine Dose öffnen, nimmt er den Schraubenzieher.

Mit einem Schuh auf dem Wohnzimmerregal schlägt er Nägel in die Wand.

Und ein Brotmesser auf dem Klo vertreibt die Monster.

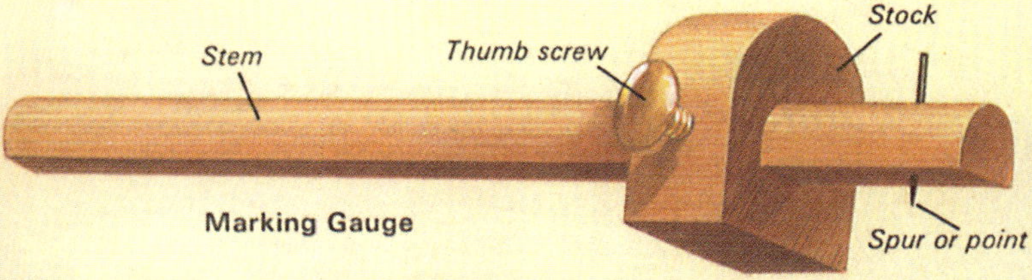

Marking Gauge

marking with grain

tilting the gauge
to trail the spur

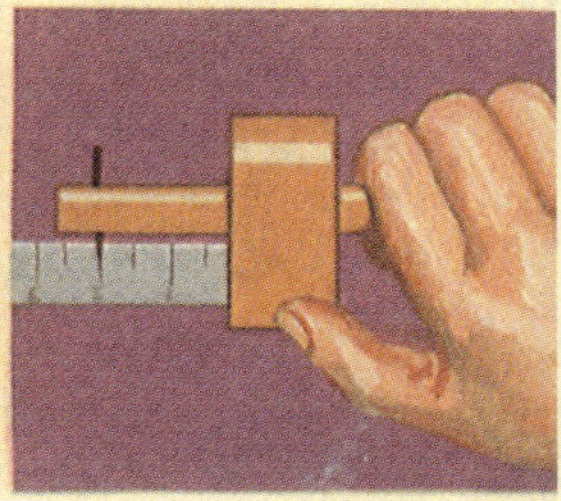

measuring

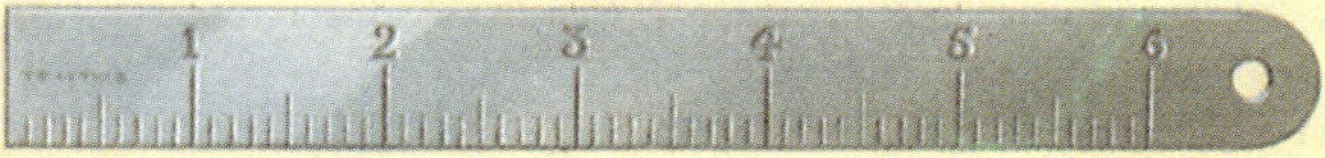

Steel Rule *(no waste measure on end)*

Using marking knife to mark
across grain

Marking Knife

Try Square

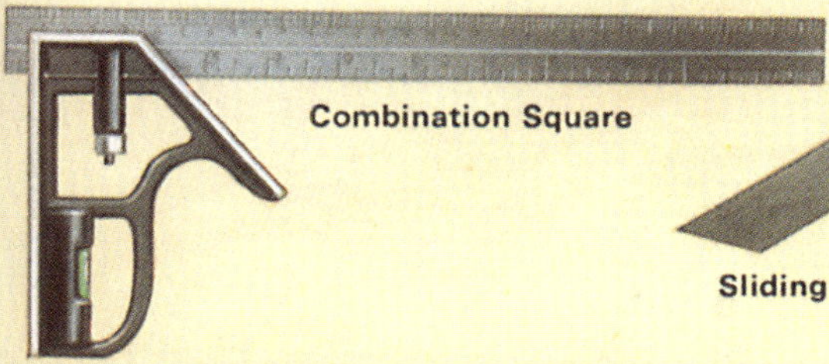

Combination Square

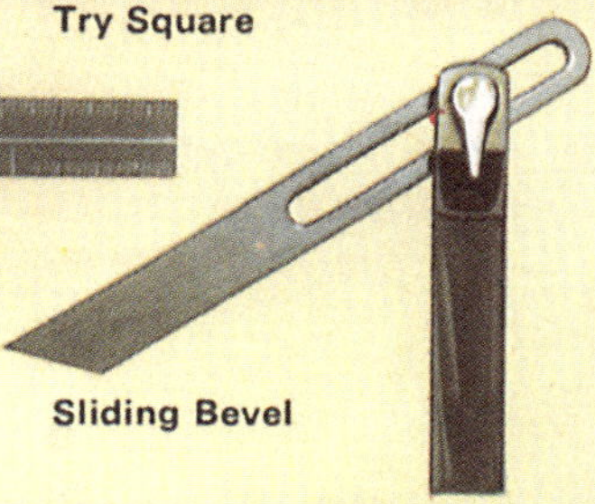

Sliding Bevel

Ehemänner reden nicht gern über ihre Gefühle. In dieser Selbsthilfegruppe lernen sie, sich zu öffnen.

Drei spielen Poker, der vierte liest ein Buch über Gespenster.

Geredet wird nicht.

In Japan gibt es Ehemann-Roboter zu kaufen.

Das hier ist M1. Er kann Möbel rücken, grillen, die Dachrinne reinigen, die Gans tranchieren, Fernseher anschließen, Bälle werfen und fangen und sich sogar entschuldigen.

Leider ist es noch nicht gelungen, ihm das Rülpsen abzugewöhnen.

M.I.

Henry drückt sich manchmal sehr umständlich aus.

So kann er behaupten, seine Frau verstünde ihn nicht.

Ehemänner sind gern unter sich.

Dieser Ehemann diskutiert seit fünf Stunden mit Leidensgenossen über die letzte Folge von *Breaking Bad*.

Wo ihre Frauen und Kinder jetzt wohnen oder ob sie überhaupt noch leben, kommt nicht zur Sprache.

Wird der Ehemann älter, gibt er merkwürdige Geräusche von sich.

Beim Aufstehen stöhnt er, und wenn Gespräche ins Stocken geraten, erzählt er uralte Witze.

Wenn er durchs Haus geht, murmelt er laut vor sich hin.

Laut genug, um zu hören, ob er noch da ist.

Nelli und Rudi sind frischgebackene Eltern. Rudi war bei der Geburt dabei, aber das hat nicht geholfen.

Nelli ist gern Mutter und schaut verzückt auf ihr Kind.

Rudi schaut die Krankenschwestern an.

Ehemänner mögen Krankenschwestern.

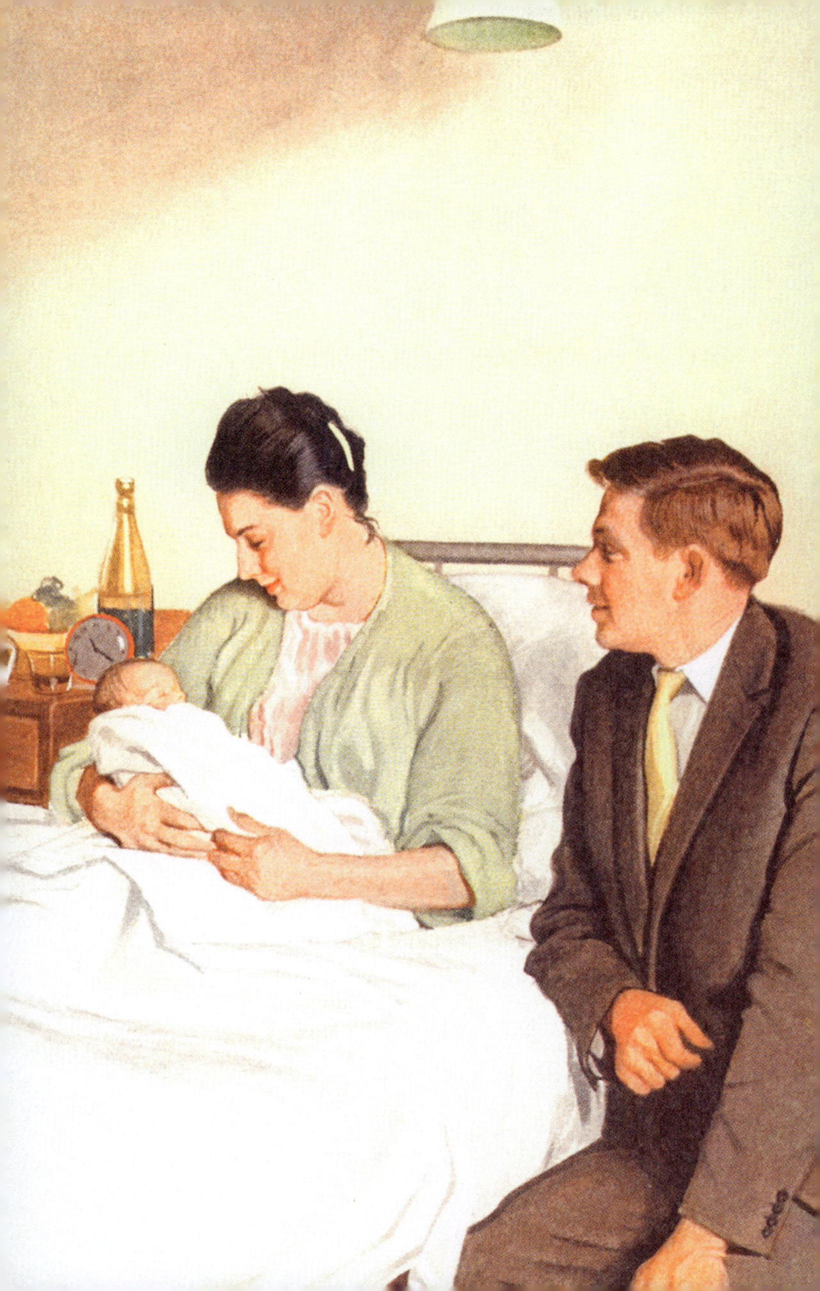

Helene findet, dass Sven zu viel am Computer oder Handy herumdaddelt.

»Wenigstens sonntags kannst du doch mal darauf verzichten«, beschwert sie sich. »Ein Tag nur für dich, mich und Jenny.«

Sven liest gerade eine Zeitung mit schwierigen Wörtern.

Er macht: »Pssst!«

OBSERVER

Thomas macht mit Frau und Kindern ein Picknick. Auch das Au-pair-Mädchen ist dabei.

Thomas muss ein Bein anwinkeln, damit keiner sieht, dass das Au-pair-Mädchen das Tier in ihm weckt.

Harry ist aufs Land gezogen, damit seine Familie es besser hat.

Jetzt fährt er täglich drei Stunden zur Arbeit und drei zurück.

Zu Hause ist er nur noch, wenn Frau und Kinder schlafen. So haben es jetzt alle besser.

RUSSIAN
DAILY
2 MILLION
LITTLE SPOILERS

Jochen hat gerade sämtliche Handtaschen entdeckt, die er seiner Frau Ria je geschenkt hat. Sie hat gesagt, sie hätte sie verloren; in Wahrheit hängen sie auf dem Dachboden.

Nach einunddreißig Jahren Ehe weiß Jochen immer noch nicht, was Ria gefällt.

Deshalb schenkt er ihr zu Weihnachten einfach noch eine Handtasche.

Ehemänner regeln gern alles selbst.

Die Tür, die Richard heute Morgen eingehängt hat, schleift über den Teppich, und beim IKEA-Regal sind komischerweise drei Schrauben übrig geblieben. Trotzdem ist Richard stolz.

Jetzt fährt er schon eine Weile im Kreis. Er könnte nach dem Weg fragen, aber das wäre Kapitulation.

PRIVATE

Der Ehemann hört bis zu 30 % von dem, was die Ehefrau ihm sagt.

Manche Männer sind so konservativ, dass sie das Zuhören vor der Ehe komplett ablehnen.

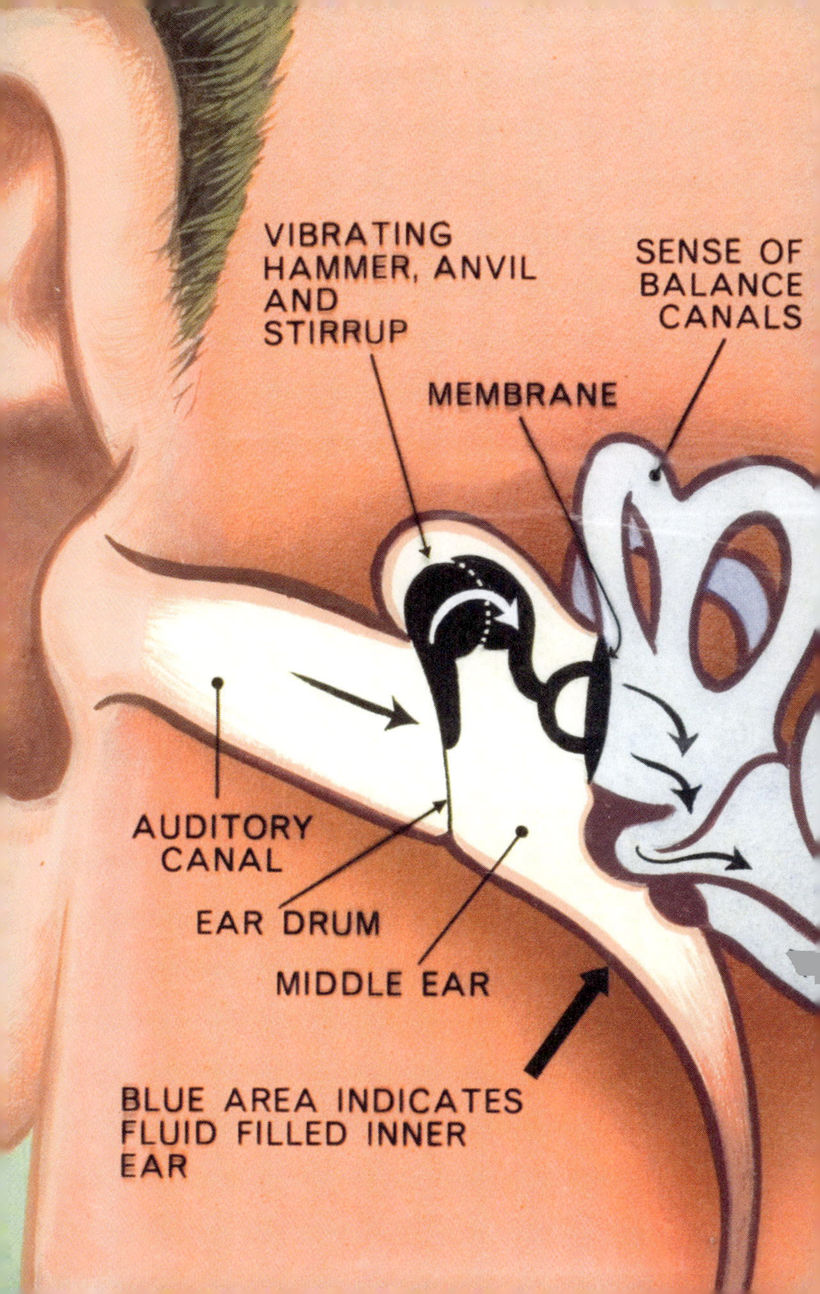
VIBRATING HAMMER, ANVIL AND STIRRUP
SENSE OF BALANCE CANALS
MEMBRANE
AUDITORY CANAL
EAR DRUM
MIDDLE EAR
BLUE AREA INDICATES FLUID FILLED INNER EAR

Der Ehemann liebt Ordnung. DVDs, Werkzeug, Hemden, Golfschläger, Weinflaschen, Glühbirnen und Küchenmesser müssen so sortiert sein, dass er es versteht.

Deshalb ordnet Adrian die Schuhe der Familie alphabetisch. So sind sie zwar schwerer zu finden, aber die Logik ist brillant.

Manchmal weint sich Adrians Frau in den Schlaf.

Titel der englischen Originalausgabe:
» How it works: The Husband«

Für die deutschsprachige Ausgabe:
Copyright © 2016 by Bastei Lübbe AG, Köln
Textredaktion: Doris Engelke, Frankfurt am Main
Umschlaggestaltung: ZERO Werbeagentur, München
Einband-/Umschlagmotiv: © Ladybird Books Ltd, 2015
Die Zeichner: Martin Aitchison, Robert Ayton, John Berry,
David Carey, R. Emberton, Roger Hall, Frank Hampson,
Jack Matthew, Jorge Nuñez, Gerald Whitcombe
Satz: Helmut Schaffer, Hofheim a.Ts.
Gesetzt aus der Myriad Pro
Druck und Einband: L.E.G.O. S.p.A

Printed in Italy
ISBN 978-3-431-03973-3

2 4 5 3 1

Sie finden uns im Internet unter: www.luebbe.de
Bitte beachten Sie auch: www.lesejury.de